지금부터 세상을 살아갈 너희들에게

이 책을 펼쳐 줘서 고맙습니다.

나는 하나마루학습회라는 학원을 운영하고 있는 다카하마 마사노부입니다. 나는 지금까지 여러 어린이를 만나 왔지만 쭉 변하지 않는 원칙이 하나 있습니다. 그것은 어린이를 진심으로, 피하지 않고 마주 대한다는 것입니다.

이 책은 그런 원칙을 바탕으로 어른이 되기 전에 알아 두어야 할 50가지 중요한 일을 규칙으로 만들어 정리한 것입니다. '남에게 상처를 주면 안 된다.', '모두에게 친절하게 대한다.' 같은 가르침은 물론 맞는 말이지만, 그런 것만으로는 거친 세상을 살아가기 어렵습니다.

사람에게는 교활한 부분도 나쁜 부분도 반드시 있지만, 동시에 아름다운 부분도 씩씩한 부분도 있습니다. 이 모든 것을 인정하고 즐기고 반성도 하며 살아가야 한다고 생각합니다. 여러분은 지금 인생을 막 만들어 가려는 시작점에 있지요. 걱정거리나 불안이 있어도 스스로 생각하고 행동으로 옮겨서 마음을 단련하여 부디 제 몫을 다하는 어른이 되어 주세요. 그래서 여러분 스스로 인생의 주인공이 되어 세상을 살아가기를 응원하겠습니다.

다카하마 마사노부

2 지금부터 세상을 살아갈 너희들에게

10 규칙 1 세상의 당연한 일을 당연하게 해낸다.

12 규칙 2 성장했는지 궁금하다면,
누군가가 아닌 어제의 나와 비교한다.

14 규칙 3 스스로 자신의 험담을 하지 않는다.

16 규칙 4 인사는 언제든 누구에게든 똑같이 한다.

18 규칙 5 노력하는 사람 곁에 머문다.

20 규칙 6 상담할 상대를 잘 고른다.

22 규칙 7 나의 주특기를 찾는다.

24 규칙 8 긴장감을 소중히 생각한다.
그래도 겉으로는 느긋하게 행동한다.

26 규칙 **9** 손해인지 이익인지만 따지지 말자.

28 규칙 **10** 바쁜 것을 즐겁게 생각하자.

30 규칙 **11** 마음을 편안하게 해 주는 장소를 마련한다.

32 규칙 **12** 맞지 않는다고 끊어 내지 않는다.
　　　　　　어떻게든 맞춰 간다.

34 규칙 **13** 차려 준 밥에 불평하지 않는다.

36 규칙 **14** 칭찬은 솔직하게 받아들인다.

38 규칙 **15** 괴로운 마음도 부러운 마음도 제대로 표현한다.

40 규칙 **16** 가끔 레벨업 해 보자.

42	규칙 17	배우지 않았다고 변명하지 않는다.
44	규칙 18	지금 있는 곳에서 철저하게 즐긴다.
46	규칙 19	보이지 않는 소중한 것에 집중하자.
48	규칙 20	누군가를 돕는 즐거움을 경험하자.
50	규칙 21	나와 마찬가지로 다른 이에게도 규칙이 있다는 것을 인정하자.
52	규칙 22	상식이 다른 사람에게 마음을 연다.
54	규칙 23	다정함만으로는 살 수 없다.
56	규칙 24	고뇌하고 있는 자신에게 도취하지 않는다.
58	규칙 25	신용을 착실히 쌓아 둔다.

60 규칙 **26** 뉴스를 본다. 그리고 생각한다.

62 규칙 **27** 무엇을 하더라도 빠릿빠릿하게!

64 규칙 **28** 의욕은 스스로 찾아낸다.

66 규칙 **29** 한 방에 역전해서 이기려고 하지 않는다.

68 규칙 **30** 어떤 일이라도 진심으로 한다.

70 규칙 **31** '오늘만'을 조심한다.

72 규칙 **32** 모두가 함께라고 안심하지 않는다.

74 규칙 **33** 다른 사람을 바꾸는 것보다
내가 바뀌는 것이 편하다.

76 　규칙 **34** 소중한 사람들을 위해서라도 건강에 유의한다.

78 　규칙 **35** "너와 함께 있으면 즐거워!"라는 말을
　　　　　　　 들을 정도로 즐거운 시간을 보낸다.

80 　규칙 **36** 부모님의 노고를 잊지 않는다.

82 　규칙 **37** 가족에게서 떠나는 날을 상상한다.

84 　규칙 **38** 사람을 좋아하는 일은 최고의 공부다.

86 　규칙 **39** 멋 부리는 것은 나를 위해서,
　　　　　　　 단정한 몸가짐은 상대방을 위하여.

88 　규칙 **40** '비싸다', '싸다'로 물건의 가치를 판단하지 말자.

90 　규칙 **41** 아는 것과 이해한 것을 구별한다.

92 　규칙 **42** 배우는 일은 평생 계속된다.

94 　규칙 **43**　도와주고 싶은 사람이 되자.

96 　규칙 **44**　주변 사람의 작은 변화를 알아차리고, 말한다.

98 　규칙 **45**　따분하다면 스스로 재미있어진다.

100 　규칙 **46**　다툼도 성장의 밑거름이 된다.

102 　규칙 **47**　가끔은 착한 아이가 아니어도 괜찮다.

104 　규칙 **48**　고민이나 불안이 가득하다면, 바로 잠들어 버리자.

106 　규칙 **49**　내가 선택한 길을 정답이라고 믿는다.

108 　규칙 **50**　세상은 그리 달콤하지만은 않다.
　　　　　　　그래도 이 세상은 아름답다고 믿어 보자.

110 　**맺는말**

세상의 규칙 1

세상의 당연한 일을 당연하게 해낸다.

세상을 꿋꿋하게 살아 내는 사람은
당연한 것을 당연하게 해내는 사람이야.
약속 지키기, 정직하기, 사람에게 친절하기.
언제라도 정확히 지킬 수 있다는 건
사실 엄청 멋진 일이야.

세상의 규칙 2

성장했는지 궁금하다면,
누군가가 아닌
어제의 나와 비교한다.

자신의 성장을 확인하고 싶을 때,
비교 대상은 다른 누군가가 아니라
어제의 나란다.
최대의 라이벌은 자기 자신이니까.

해냈다!
어제보다 높이
올라갔다!!

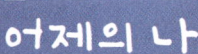 어제의 나

세상의 규칙 3

스스로
자신의 험담을
하지 않는다.

'나는 좀….'
'도대체 나란 애는….'
스스로 자신을 나쁘게 말하면
말한 그대로의 사람이
되어 버리고 말 거야.

세상의 규칙 4

인사는 언제든
누구에게든
똑같이 한다.

우울할 때도 건강할 때도,
윗사람에게도 아랫사람에게도
인사는 언제나 똑같이 하자.
그런 너를 모두가 보고 있어.

세상의 규칙 5

새와 함께 하늘을 날고 싶어

노력하는 사람 곁에 머문다.

긍정적으로 노력하는 사람 곁에 있자.
나도 열심히 하고 싶어질 테니까.

세상의 규칙 6

상담할 상대를
잘 고른다.

괴로운 일이 있을 때는
기분 좋은 말에 혹하게 마련이야.
그러니까 칼같이 말해 주는 사람과의
상담을 소중하게 생각하자.

세상의 규칙 7

나의
주특기를
찾는다.

누구에게도 지지 않을 특기는
너를 버티게 하는 힘이 된단다.
딱 한 가지라도 좋으니 찾아보자.

세상의 규칙 8

긴장감을
소중히 생각한다.
그래도 겉으로는
느긋하게 행동한다.

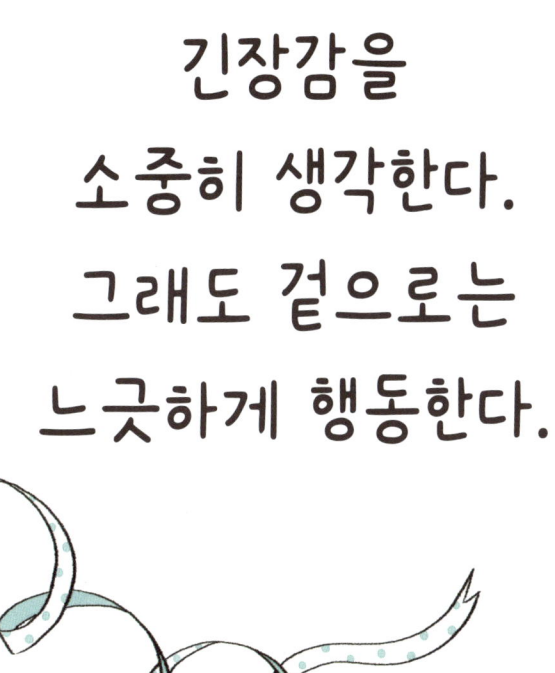

등을 쭉 펴고 긴장감을 가져.
움츠러들지 말고 느긋하게 행동해.
둘의 밸런스를 잘 맞추자.

손해인지 이익인지만 따지지 말자.

눈앞의 손해와 이익에만 얽매이면 너의 인생을 풍요롭게 하는 것을 놓치고 말 거야.

세상의 규칙 10

바쁜 것을 즐겁게 생각하자.

있잖아

바쁘게 사는 건 힘들지만,
그건 사실은 네가 머무를 곳이 있고,
많은 사람에게 필요하다는 뜻이야.
능숙하게 조절하며 바쁜 것을 즐기자.

지난번엔
고마웠어

아!
내일 일
말인데

마음을
편안하게 해 주는
장소를 마련한다.

그냥 그곳에 있는 것만으로
왠지 안심이 되는 그런 장소를 찾아 두자.
마음을 정돈해 줄 거야.

세상의 규칙 12

맞지 않는다고
끊어 내지 않는다.
어떻게든 맞춰 간다.

세상에는 네게 맞지 않는다고
느끼는 일도 잔뜩 있어.
그래도 그런 것에 어떻게든 맞춰 가는 것이
살아가는 일의 핵심이란다.

세상의 규칙 13

차려 준 밥에
불평하지 않는다.

밥은 불평하지 말고, 남기지 말고 먹자.
그것이 만들어 준 사람에게
감사의 마음을 전하는 가장 좋은 방법이니까.

세상의 규칙 14

칭찬은 솔직하게 받아들인다.

누군가가 칭찬해 주면,
'고마워~', '기쁘다~'라고 솔직하게 얘기하자.
소극적으로 행동하는 것보다
상대방도 더 기뻐할 거야.

세상의 규칙 15

괴로운 마음도
부러운 마음도
제대로 표현한다.

'괴로워.', '부러워.' 같은 말은 하기 어려워.
그래도 그런 기분을 솔직하게 말하면 마음이 편해.
힘도 솟아날 거야.

세상의 규칙 16

가끔 레벨업
해 보자.

그대로 있으면 편한 평상시의 레벨에서
조금 힘든 하나 위의 레벨로 가 보자.
처음엔 힘들지도 모르지만,
그 발돋움이 성장의 밑거름이 된단다.

세상의 규칙 17

저기…
노래 불러 줄래?

배우지 않았다고 변명하지 않는다.

배우지 않았어도 불러 봐야지

세상엔 학교에서 배우지 않은 것투성이야.
배우지 않았다는 말은 통하지 않아.
그러니까 배우지 않았다는 것을
변명 삼아 말하지 말고
먼저 자기 나름대로 도전해 보자.

세상의 규칙 18

지금 있는 곳에서 철저하게 즐긴다.

'모처럼 즐겁게!'라는 마음으로
지금 있는 곳에서 철저히 즐기자.
'돈이 없어.', '어려운 시대야.',
'부모님이 이해해 주지 않아.' 등
불평불만만 늘어놓으면 인생이 아까워.

세상의 규칙 19

보이지 않는 소중한 것에 집중하자.

후후후
건강하지~

예를 들면 할머니의 기분 같은 것

소중한 것을 알아차리듯이
보이지 않는 것에 집중하자.
눈에 보이는 것만이
올바르고 가치가 있는 것은 아니야.

세상의 규칙 20

누군가를
돕는 즐거움을
경험하자.

누군가에게 "고마워."란 말을 듣는
경험을 지금 많이 해 두자.
누군가를 돕는 것이 행복하다고
느낄 수 있는 어른이 되자.

세상의 규칙 21

나와 마찬가지로
다른 이에게도
규칙이 있다는 것을
인정하자.

너의 '이렇게 해야 한다.'와
다른 이의 '이렇게 해야 한다.'가
똑같은 건 아니야.
사람에게는 각자 나름의
규칙이 있다는 것을 잊지 말자.

세상의 규칙 22

상식이 다른 사람에게 마음을 연다.

상대가 싫거나 대하기 거북하다고 생각하는 것은
자신과 상대방의 상식이 다르기 때문이야.
그런 상대에게야말로 마음을 열어 보자.
자신의 세계를 넓히는 기회가 될 거야.

다정함만으로는
살 수 없다.

사람을 배려하는 다정함.
몇 번이라도 일어날 수 있는 힘.
그 두 가지 모두가 세상을 살아가는
무기가 될 거야.

세상의 규칙 24

하아… 고뇌하는
나란 사람…

후후훗

고뇌하고 있는
자신에게
도취하지 않는다.

네가 고민하는 것은
어떤 사실을 진지하게 대한다는 증거야.
그러니까 고민할 때는 철저하게,
제대로 고민하는 것이 좋아.
그런데 고민하는 동안 그런 자신의 모습에
도취하는 경우가 있으니 주의해야 해.

세상의 규칙 25

신용을 착실히 쌓아 둔다.

신용은 저축처럼 모으는 것이 가능해.
상대방의 마음속에 쌓인 신용은
무슨 일이 생겼을 때 너를 도와줄 거야.

저도
시작했어요

세상의 규칙 26

뉴스를 본다.
그리고 생각한다.

하루에 하나씩, 흥미가 있는 뉴스를 보고,
생각하고, 의견을 말해 보자.
모든 뉴스는 남의 일이 아니야.
너와 연결되어 있단다.

세상의 규칙 27

무엇을 하더라도 빠릿빠릿하게!

세상에는 스피드가 부족하면
따라갈 수 없는 일이 있어.
성큼성큼 걷고, 척척 읽고,
시원시원하게 대답하고…
이렇게 빠릿빠릿하게
해내는 것을 잊지 마!

세상의 규칙 28

의욕은
스스로
찾아낸다.

늦네~
아직인가
내 의욕…

의욕을 내는 단 하나의 방법은
일단 조금 해 보는 것.
아무것도 하지 않고 기다려도
의욕은 저절로 생기지 않아.

세상의 규칙 29

한 방에 역전해서 이기려고 하지 않는다.

평소에 노력하지 않는 사람이
나중에 한 방에 역전할 수 있을 만큼
세상은 쉽지 않아.
꾸준하게 노력하고 집중하자.

세상의 규칙 30

어떤 일이라도
진심으로 한다.

세상에서 가장 시시한 일이
이도 저도 아닌 어중간하게 하는 일이야.
그건 진심으로 열심히 하는 즐거움을
모른다는 뜻이니까.
주어진 역할에 진심으로 참여해 보자.

오늘만~~
오늘만~~

오늘 한 번만
학교 쉬자~

'오늘만'을 조심한다.

딱 한 번의 '오늘만'이,
두 번 세 번의 '오늘만'이 된다.
조금 방심하는 것을 쉽게 생각하지 말자.

세상의 규칙 32

모두가 함께라고
안심하지 않는다.

아직도 모두 함께니까 괜찮다고 생각하니?
'내가 어떻게 생각하는가.'를
가장 중요하게 생각하렴.

세상의 규칙 33

다른 사람을
바꾸는 것보다
내가 바뀌는 것이
편하다.

다른 사람을 변화시키는 일은 무척 어려워.
그렇다면 먼저 나 자신을 바꾸어 보자.
너의 변화가 상대방에게 전해져서
자연스럽게 주변 사람들도 바뀌게 될 거야.

세상의 규칙 34

할아버지

친구

소중한 사람들을 위해서라도 건강에 유의한다.

할머니

건강을 챙기는 것은 누구를 위한 걸까?
물론 자신을 위한 거야.
그리고 너의 소중한 사람들과
너를 소중하게 생각하는 사람들을
위한 것이기도 하지.

세상의 규칙 35

"너와 함께 있으면 즐거워!"라는 말을 들을 정도로 즐거운 시간을 보낸다.

많은 사람이 아니라도 좋아.
최선을 다해 눈앞의 한 사람을 즐겁게 해 보자.
그 한 사람이 "즐거워!"라고 말하면
인생은 지금보다 멋있어질 거야.

부모님의 노고를 잊지 않는다.

언젠가 부모님의 약점과
모순점이 보이는 날이 올 거야.
그건 네가 성장했다는 증거지.
그때는 부모님의 노고를 기억하고
지금까지 받은 은혜에 보답하자.

가족에게서 떠나는 날을 상상한다.

언젠가, 가족으로부터 떠나는 날이 온단다.
가족과 함께할 수 있는 시간은 영원하지 않아.
그걸 잊지 말고 지금 가족과
함께 있는 시간을 마음껏 즐기자.

세상의 규칙 38

사람을
좋아하는 일은
최고의 공부다.

누군가를 좋아하게 되면
상대방의 기분을 이해하려고 열심히 노력하지.
자신과 타인은 전혀 다르다는 것도 알게 돼.
그런 공부는 어른이 되어서도 도움이 될 거야.

저 친구도
이 꽃을
좋아할까?

세상의 규칙 39

멋 부리는 것은 나를 위해서, 단정한 몸가짐은 상대방을 위하여.

단정한 몸가짐을 하는 것은
상대방을 불쾌하게 만들지 않는 기본 매너야.
멋있어 보이려고 멋 부리는 것과는
구별해야 해.

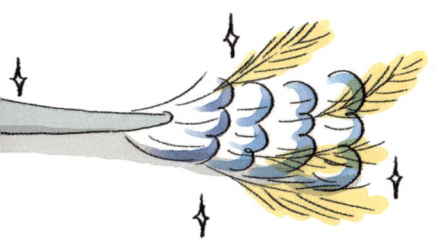

세상의 규칙 40

'비싸다.', '싸다.'로 물건의 가치를 판단하지 말자.

물건의 진짜 가치는 가격만으로는 알 수 없어.
'내가 이것을 좋아하는지 아닌지.',
'어느 정도로 필요한지.',
나만의 기준을 가진 사람이 되자.

아는 것과
이해한 것을
구별한다.

인터넷으로 찾아본 것만으로
이해했다고 생각하면 착각이야.
그건 그저 알고 있는 것뿐이야.
자신의 머리로 생각하거나
자신의 몸으로 경험해야 이해할 수 있는 거야.

세상의 규칙 42

배우는 일은 평생 계속된다.

네? 할머니 대단해요!!

지금도 매일 공부해~

배우는 일은 학교를 졸업한 후에도 계속되지.
질문도 답도 없는 세상에서 스스로 문제를 찾고
그 답을 생각해 내는 일이야말로 진짜 공부란다.

도와주고 싶은 사람이 되자.

누군가의 도움을 받기 위해서는
목표에 맞는 열정과 한결같은 노력,
그리고 순수한 마음이 필요해.
누군가가 응원하고 싶어지는 사람이
되도록 하자.

세상의 규칙 44

주변 사람의
작은 변화를
알아차리고,
말한다.

주변 사람을 언제나 제대로 관찰하자.
그리고 알아차린 것을 말해 보자.
누군가가 자신을 신경 써 준다고 느끼면
기쁘기 마련이니까.

세상의 규칙 45

따분하다면 스스로 재미있어진다.

나 말고 다른 사람이
나를 즐겁게 해 줄 거라 생각해?
재미없다면 재미있는 무언가를
스스로 만들어 내야 해.

세상의 규칙 46

다툼도
성장의 밑거름이
된다.

사람과 부딪치는 것을 두려워하지 마.
그 경험이 너를 성장시킬 거야.

세상의 규칙 47

가끔은
착한 아이가
아니어도 괜찮다.

가끔은
괜찮아 ♥

주변의 기대에 부응하려고
너무 애쓰면 숨이 턱 막힐 거야.
가끔은 실망시켜도 괜찮다고 생각하렴.

세상의 규칙 48

고민이나 불안이
가득하다면,
바로 잠들어 버리자.

쿨~ 고로롱~

자는 동안 머릿속 생각은 정리되고
몸은 힘을 회복하지.
자고 나면 오늘보다 나은 내일이 찾아올 거야!

세상의 규칙 49

내가 선택한 길을
정답이라고
믿는다.

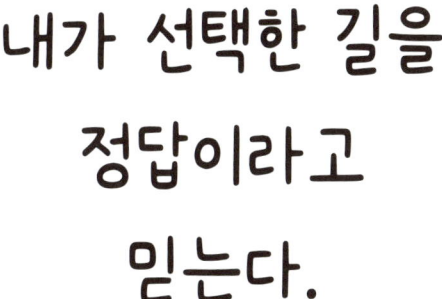

인생의 선택에서 정답이란 없어.
그러니 중요한 일이나 자신이 선택한 길은
노력해서 정답으로 만들면 돼.

세상의 규칙 50

세상은 그리
달콤하지만은 않다.
그래도 이 세상은
아름답다고 믿어 보자.

살다 보면 모든 게 다 싫은
기분이 들 때도 있을 거야.
그래도 좋은 일은 반드시 일어난단다.
너라는 사람을 이해해 주는 사람도 반드시 있지.
그 사실을 절대 잊지 마!

맺는말

  이 책은 《50개의 규칙》 시리즈의 2편입니다. 1편을 출간하며 책의 내용이 너무 혹독한 건 아닌지, 혹은 너무 어려운 건 아닌지 사실 좀 걱정했습니다. 그러나 걱정은 금방 기쁨으로 바뀌었지요. 왜냐하면 책을 읽은 초등학생, 중학생 독자들이 "왠지 용기가 생겼어요.", "어른들은 대단하다고 생각해요.", "앞으로 도움이 될 것들이 많았어요." 등의 감상을 보내 주었기 때문이에요.

  나의 메시지를 어린이들이 제대로 받아들여서 진심으로 기뻤습니다. 그리고 자신의 인생과 장래를 제대로 고민하는 어린이들이 정말 믿음직스러웠지요. 과장으로 들릴 수도 있지만, 세상의 밝은 미래를 본 듯한 기분이 들었어요.

그러니 여러분은 자신을 갖고 순수하고 진지하게 마음껏 꿈을 펼치세요. 약한 자신과 싸우고 강해지려고 노력하는 여러분은 반드시 '제 몫을 다하는 어른'이 될 거예요. 이렇게 생각하면서 이 책에서 50가지 규칙을 정리했습니다. 여러분이 괴로운 일도, 고통스러운 일도 다 이겨내며 유연하게 살아가기를 바랍니다.

다카하마 마사노부

MESHI GA KUERU OTONA NI NARU! MOTTO YONONAKA RULE BOOK
ⓒ Nihon tosho Center Co. Ltd. 2020
Originally published in Japan in 2020 by NIHONTOSHO CENTER Co., Ltd.,TOKYO
Korean Characters translation rights arranged with NIHONTOSHO CENTER Co., Ltd.,TOKYO,
through TOHAN CORPORATION, TOKYO and Eric Yang Agency, Inc., SEOUL.

세상의 규칙

1판 1쇄 2024년 6월 1일

글 쓴 이	다카하마 마사노부
그 림	하야시 유미
옮 긴 이	임민정
펴 낸 곳	OLD STAIRS
출판 등록	2008년 1월 10일 제313-2010-284호
이 메 일	oldstairs@daum.net

가격은 뒷면 표지 참조
979-11-7079-018-1

이 책의 전부 또는 일부를 재사용하려면 반드시 OLD STAIRS의 동의를 받아야 합니다.
잘못 만들어진 책은 구매하신 서점에서 교환하여 드립니다.

공통안전기준 표시사항

- 품명 : 도서
- 재질 : 지류
- 제조자명 : Oldstairs
- 제조국명 : 대한민국
- 제조연월 : 2024년 5월
- 주소 : 서울특별시 마포구 양화로12길 24, 4층
- KC인증유형 : 공급자적합성확인

KC마크는 이 제품이 공통안전기준에 적합하였음을 의미합니다.
책 모서리에 찍히거나 책장에 베이지 않게 조심하세요.